INFORME DE AUDITORÍA

Ignacio Aguilar Jara

Título: Informe de auditoría

Autor: Ignacio Aguilar Jara

ISBN Libro en papel: 978-84-685-8366-2

Editado por Bubok Publishing S.L.

equipo@bubok.com

Tel: 912904490

Paseo de las Delicias, 23

28045 Madrid

A los alumnos que me dieron la oportunidad de ayudarles con su examen de acceso al ROAC, ellos con sus aportaciones son coautores y motivo de esta obra.

NIA	(A)	Cuentas	Opción	Fundamento	Incertidumbre	Tipo	Cotizada	Énfasis	Otras Cuestiones	CCA/AMRA	Otra Info	Informe sobre otros requerimientos (...)
700 R	Ejemplo 1	Individuales	Favorable	Favorable	No aplica	EIP	SI	NO	NO	CCA estandar	Ejemplo 1 del Anexo 2 de la NIA-ES 720 (Revisada)	FEUE, informe comisión de auditoría, periodo de contratación, servicios prestados
700 R	Ejemplo 2	Consolidadas	Favorable	Favorable	No aplica	EIP	SI	NO	NO	CCA estandar	Ejemplo 1 del Anexo 2 de la NIA-ES 720 (Revisada, debiendo adaptarse a un supuesto de cuentas anuales consolidadas).	FEUE, informe comisión de auditoría, periodo de contratación, servicios prestados
700 R	Ejemplo 3	Individuales	Favorable	Favorable	No aplica	NO EIP	NO	NO	NO	AMRA estandar	Ejemplo 1 del Anexo 2 de la NIA-ES 720 (Revisada)	No aplica.
705 R	Ejemplo 1	Individuales	Salvedades	Incorrección	No Aplica	EIP	SI	NO	NO	CCA (ref. cruzada)	Ejemplo 1 del Anexo 2 de la NIA-ES 720 (Revisada)	Ejemplo 1 de la NIA-ES 700 (Revisada)
705 R	Ejemplo 2	Consolidadas	Desfavorable	Desfavorable	No aplica	EIP	NO	NO	NO	CCA (ref. cruzada sin más)	Ejemplo 6 del Anexo 2 de la NIA-ES 720 (Revisada)	Ejemplo 2 de la NIA-ES 700 (Revisada)
705 R	Ejemplo 3	Consolidadas	Salvedades	Limitación	No aplica	EIP	NO	NO	NO	CCA (ref. cruzada)	Ejemplo 6 del Anexo 2 de la NIA-ES 720 (Revisada)	Ejemplo 2 de la NIA-ES 700 (Revisada)
705 R	Ejemplo 4	Consolidadas	Denegada	Denegada	No aplica	EIP	NO	NO	NO	CCA (ref. cruzada)	Ejemplo 6 del Anexo 2 de la NIA-ES 720 (Revisada)	No aplica.
705 R	Ejemplo 5	Individuales	Denegada	Denegada	No aplica	NO EIP	NO	NO	NO	AMRA (ref. cruzada sin más)	Ejemplo 8 del Anexo 2 de la NIA-ES 720 (Revisada)	No aplica.
705 R	N/A	Caso 6	Salvedades	Incorrección	No aplica	EIP	NO	SI	NO	CCA (ref. cruzada)	Ejemplo 6 del Anexo 2 de la NIA-ES 720 (Revisada)	Ejemplo 1 de la NIA-ES 700 (Revisada)
706 R	Caso 3	Individuales	Favorable	Favorable	No aplica	EIP	SI	Incendio	NO	CCA (ref. cruzada)	Ejemplo 1 del anexo 2 de la NIA-ES 720 (Revisada)	Ejemplo 1 de la NIA-ES 700 (Revisada)
706 R	Anexo 3 (A17)	Individuales	Salvedades	Incorrección	No aplica	NO EIP	NO	Incendio	NO	AMRA (ref. cruzada)	Ejemplo 1b. del Anexo 2 de la NIA-ES 720 (Revisada)	No aplica.
706 R	Anexo 4 (A8)	Individuales	Salvedades	Limitación	No aplica	NO EIP	NO	NO	Auditor Predecesor	AMRA (ref. cruzada)	Ejemplo 6 del Anexo 2 de la NIA-ES 720 (Revisada)	No aplica.
510 R	Ejemplo 1	Caso 2 A1	Salvedades	Limitación	No aplica	NO EIP	NO	NO	NO	CCA (ref. cruzada)	Ejemplo 6 del Anexo 2 de la NIA-ES 720 (Revisada)	No aplica.
570 R	Ejemplo 1	Individuales	Favorable	Favorable	SI	EIP	SI	NO	NO	CCA (ref. cruzada)	Ejemplo 1 del Anexo 2 de la NIA-ES 720 (Revisada)	Ejemplo 1 de la NIA-ES 700 (Revisada)
570 R	Ejemplo 2	Individuales	Salvedades	Incorrección	SI	EIP	SI	NO	NO	CCA (ref. cruzada)	Ejemplo 6 del Anexo 2 de la NIA-ES 720 (Revisada)	Ejemplo 1 de la NIA-ES 700 (Revisada)
570 R	Ejemplo 3	Individuales	Desfavorable	Incorrección	SI	EIP	NO	NO	NO	CCA (ref. cruzada sin más)	Ejemplo 7 del Anexo 2 de la NIA-ES 720 (Revisada)	Ejemplo 3 de la NIA-ES 700 (Revisada)
710	Ejemplo 1	Caso 1 a)	Salvedades	Incorrección	No aplica	NO EIP	NO	NO	NO	AMRA (ref. cruzada)	Ejemplo 7 del Anexo 2 de la NIA-ES 720 (Revisada)	No aplica.
710	Ejemplo 2	Caso 2 A2	Salvedades	Limitación	No aplica	NO EIP	NO	NO	NO	AMRA (ref. cruzada)	Ejemplo 6 del Anexo 2 de la NIA-ES 720 (Revisada)	No aplica.
710	Ejemplo 2	Individuales	Salvedades	Limitación	No aplica	EIP	SI	NO	NO	CCA (ref. cruzada)	Ejemplo 6 del Anexo 2 de la NIA-ES 720 (Revisada)	No aplica.
701	N/A	Caso 3	Favorable	Favorable	No aplica	EIP	SI	NO	NO	CCA estandar	Ejemplo 1 del Anexo 2 de la NIA-ES 720 (Revisada)	No aplica.
710	Párrafo 12	Caso 4	Favorable	Favorable	No aplica	EIP	SI	NO	NO	CCA (ref. cruzada)	Ejemplo 1 del Anexo 2 de la NIA-ES 720 (Revisada)	No aplica.
710	A6	Caso 5	Favorable	Favorable	No aplica	NO EIP	NO	SI	NO	CCA estandar	Ejemplo 1 del Anexo 2 de la NIA-ES 720 (Revisada)	No aplica.
710	Ejemplo 3	Caso 6	Favorable	Favorable	No aplica	NO EIP	NO	NO	SI	AMRA estandar	Ejemplo 1b. del Anexo 2 de la NIA-ES 720 (Revisada)	Ejemplo 1 de la NIA-ES 700 (Revisada)
710	párrafo 13	Caso 7	Favorable	Favorable	No aplica	EIP	SI	NO	SI	CCA estandar	Ejemplo 1 del Anexo 2 de la NIA-ES 720 (Revisada)	Ejemplo 1 de la NIA-ES 700 (Revisada)
720 R	Ejemplo 1a)	Individuales	Favorable	Favorable	No aplica	EIP	SI	NO	NO	CCA estandar	Informe de gestión, EINF, IAGC e Informe Remuneraciones.	Ejemplo 1 de la NIA-ES 700 (Revisada)
720 R	Ejemplo 1b)	Inviduales	Favorable	Favorable	No aplica	EIP	SI	NO	NO	CCA estandar	Informe de gestión + Ejemplos alternativos	No aplica.
720 R	Ejemplo 1c)	Inviduales	Favorable	Favorable	No aplica	NO EIP	NO	NO	NO	AMRA estandar	Propuesta de aplicación del resultado (abreviadas)	No aplica.
720 R	Ejemplo 5	Individuales	Favorable	Favorable	No aplica	NO EIP	NO	NO	NO	AMRA estandar	Informe de gestión.	No aplica.
720 R	Ejemplo 6	Consolidadas	Salvedades	Limitación	No aplica	NO EIP	NO	NO	NO	AMRA (ref. cruzada)	Informe de gestión.	No aplica.
720 R	Ejemplo 7	Consolidadas	Desfavorable	Incorrección	No aplica	NO EIP	NO	NO	NO	AMRA (ref. cruzada sin más)	Informe de gestión.	No aplica.
720 R	Ejemplo 8	Individuales	Denegada	Limitación + Incorrección.	No aplica	NO EIP	NO	NO	NO	AMRA (ref. cruzada sin más)	Informe de gestión	No aplica.

COMENTARIOS INTRODUCTORIOS DE LOS CASOS PRÁCTICOS

Salvo el caso 6, que se deja a modo de ejemplo, el resto de los casos se realizan sin cuantificar el efecto impositivo con una finalidad simplificadora, aunque en el apartado A22 de la Guía de aplicación de la NIA 705 (Revisada) recuerda la necesidad de cuantificar el efecto impositivo.

En cuanto a las soluciones a los casos prácticos y en aras de centrar la atención sobre los asuntos tratados en el caso, hemos centrado la respuesta en la sección de opinión, la sección de Fundamento de la opinión, la sección de párrafo de énfasis, la sección de otras cuestiones y la fecha del informe; referenciando los párrafos que hemos considerando "sin modificar respecto del modelo", hemos obviado la sección de "Otra Información" relativo al informe de gestión que será estudiado en el siguiente tema en relación con la NIA-ES 720 (Revisada).

Consideraremos en todos los casos que se tratan de Cuentas Anuales Normales de Entidades de Interés Público, tal como se definen en el artículo 3.5 de la Ley de Auditoría de Cuentas en la jurisdicción española, por lo que incluiremos la sección de otros requerimientos legales y reglamentarios, así como otras variaciones necesarias.

CASO 1 NTA Información comparativa párrafo 11 a) CIFRAS COMPARATIVAS

Hemos auditado las cuentas anuales de la Sociedad ABC, S.A. al 31 de diciembre de 20X1 que se presentan con cifras comparativas del año 20X0 que fueron auditadas por nosotros. La sociedad ABC, S.A. tiene como único inmovilizado un edificio.

El informe de auditoría de las cuentas anuales del año 20X0 contenía una salvedad por no haber amortizado el edificio de la compañía, el efecto en la cuenta de pérdidas y ganancias y el inmovilizado material del año 20X0 fue de 125.000 euros.

En el ejercicio 20X1 no sólo no se ha resuelto la situación del año 20X0 sino que se ha incurrido en un defecto de amortización en este año de 125.000 euros.

El auditor ha completado los procedimientos de auditoría necesarios para formarse una opinión sobre las cuentas anuales el 26 de mayo de 20X2.

CASO 2 NTA Información comparativa párrafo 11 b) CIFRAS COMPARATIVAS
Caso A
Hemos auditado las cuentas anuales de la Sociedad ABC, S.A. que se presentan con cifras comparativas del año anterior.

Considerar que el caso A2 trae su origen en el Caso A1.
Caso A1: (auditamos las cuentas anuales del año 20X1)
Es el primer año que la Sociedad ha sometido sus cuentas anuales a una auditoría, debido a que en años anteriores no cumplía los requisitos establecidos en la legislación para ello, habiéndose efectuado el encargo de auditoría por parte de la Sociedad el día 30 de junio de 20X1.

Debido a la fecha en que fuimos nombrados auditores, no estuvimos presentes en el recuento físico de las existencias que la Sociedad llevó a cabo el 31 de diciembre de 20X0, ni los registros contables permiten aplicar procedimientos alternativos al recuento físico sobre las existencias, cuyo saldo es significativo.

Con relación al resto procedimientos sobre los saldos de apertura descritos en la NIA-ES 510 (Revisada) no ha habido incidencias.

El auditor ha completado los procedimientos de auditoría necesarios para formarse una opinión sobre las cuentas anuales el 17 de mayo de 20X2.
Caso A2: (auditamos las cuentas anuales del año 20X2)
Es el segundo año de la auditoría de cuentas de la sociedad anterior y al terminar nuestro trabajo concluimos que no se han detectado incorrecciones materiales ni limitaciones al alcance materiales.
El auditor ha completado los procedimientos de auditoría necesarios para formarse una opinión sobre las cuentas anuales el 27 de abril de 20X3.

CASO 3 NTA Información comparativa párrafo A3) CIFRAS COMPARATIVAS
Hemos auditado las cuentas anuales de la Sociedad ABC, S.A. al 31 de diciembre de 20X1 que se presentan con cifras comparativas del año 20X0 que fueron auditadas por nosotros.

El informe de auditoría de las cuentas anuales del año 20X0 contenía una salvedad por no haber deteriorado una marca reconocida en la sociedad en 120.000 euros. Durante el ejercicio 20X1 se ha corregido retroactivamente el error informando de ello en las cuentas anuales del año 20X1 de conformidad con lo exigido por el marco normativo de información financiera aplicable y se han reexpresado, consecuentemente, las cifras del año 20X0.

Indica tanto la opinión como la posible redacción del párrafo de énfasis ó de una cuestión clave de auditoría.

El auditor ha completado los procedimientos de auditoría necesarios para formarse una opinión sobre las cuentas anuales concluyó el 27 de marzo de 20X2.

CASO 4 NTA Información comparativa párrafo 12) CIFRAS COMPARATIVAS
Hemos auditado las cuentas anuales de la Sociedad ABC, S.A. al 31 de diciembre de 20X1 que se presentan con cifras comparativas del año 20X0 que fueron auditadas por nosotros.

Durante el ejercicio 20X1 detectamos la existencia de un error significativo[1] en las cuentas anuales del año 20X0 debido a que no se había amortizado una construcción adquirida por 2.420.000 euros en el mes de junio de 20X0 y que se amortiza al 10% anual. El importe no amortizado era de 121.000 euros. El error se ha corregido retroactivamente e informado en las cuentas anuales del año 20X1 de conformidad con lo exigido por el marco normativo de información financiera aplicable, si bien no se han *reexpresado* las cifras del ejercicio anterior.

El auditor ha completado los procedimientos de auditoría necesarios para formarse una opinión sobre las cuentas anuales el 30 de abril de 20X2.

Con fecha 19 de abril emitimos un informe acerca de las cuentas anuales del año 20X0 que contenía una opinión favorable.

---

[1] Significativo implica que supera la CIREEFF.

CASO 5 NTA Información comparativa párrafo A6) CIFRAS COMPARATIVAS

Hemos auditado las cuentas anuales de la Sociedad ABC, S.A. al 31 de diciembre de 20X1 que se presentan con cifras comparativas del año 20X0 que fueron auditadas por nosotros.

Durante el ejercicio 20X1 la Sociedad ha cambiado el criterio de valoración de existencias ajustando las cifras comparativas del año 20X0, por un importe significativo (superior a la CIREEFF) y explicando el cambio en la nota 2 de la memoria conforme al marco normativo de información financiera que resulta de aplicación.

El auditor ha completado los procedimientos de auditoría necesarios para formarse una opinión sobre las cuentas anuales el 30 de abril de 20X2.

Redactar el informe de auditoría correspondiente al ejercicio 20X1.

Con fecha 18 de abril emitimos un informe acerca de las cuentas anuales del año 20X0 que contenía una opinión favorable.

CASO 6 NTA Información comparativa párrafo 13) CIFRAS COMPARATIVAS
Hemos auditado las cuentas anuales de la Sociedad ABC, S.A. al 31 de diciembre de 20X1 que se presentan con cifras comparativas del año 20X0 que fueron auditadas por otros auditores.

Durante el ejercicio 20X1 se ha detectado un error en el cálculo de la amortización, tratándose por tanto de una inexactitud en las cuentas anuales que trajo su origen en que los administradores de la sociedad no consideraron la vida útil de 20 años, que era una información fiable que estaba disponible en el momento que se formularon las cuentas anuales, y aplicaron para la amortización una vida útil de 10 años. Esto supuso una valoración en exceso de 300.000 euros, que es un importe significativo. Este error ha sido corregido contra pérdidas y ganancias del ejercicio 20X1, sin que se mencione nada al respecto en la memoria.

El auditor ha completado los procedimientos de auditoría necesarios para formarse una opinión sobre las cuentas anuales el 30 de abril de 20X2.

El informe de auditoría de las cuentas anuales del año anterior de fecha 25 de abril de 20X1, emitido por otros auditores, contenía una opinión favorable.

CASO 7 NTA Información comparativa párrafo 14) CIFRAS COMPARATIVAS

Hemos auditado las cuentas anuales de la Sociedad ABC, S.A. al 31 de siembre de 20X1 que se presentan con cifras comparativas del año 20X0.

Las cuentas anuales del ejercicio 20X0 no fueron auditadas por no estar obligado a ello la sociedad ABC, S.A. conforme a la legislación mercantil vigente.

Hemos sido nombrado auditores de la sociedad el 30 de junio de 20X1, por lo que no presenciamos el recuento físico de las existencias al inicio del ejercicio. Si bien hemos obtenido evidencia suficiente y adecuada de los saldos de apertura.

El auditor ha completado los procedimientos de auditoría necesarios para formarse una opinión sobre las cuentas anuales el 30 de abril de 20X2.

Redactar el informe de auditoría correspondiente al ejercicio 20X1.

INFORME DE AUDITORÍA DE CUENTAS ANUALES EMITIDO POR UN AUDITOR INDEPENDIENTE

A los accionistas de ABC, S.A.,

Informe sobre las cuentas anuales

Opinión con salvedades

Hemos auditado las cuentas anuales adjuntas de la sociedad ABC, S.A. (la Sociedad), que comprenden el balance a 31 de diciembre de 20X1, la cuenta de pérdidas y ganancias, el estado de cambios en el patrimonio neto, el estado de flujos de efectivo y la memoria correspondiente al ejercicio terminado en dicha fecha.

En nuestra opinión, **excepto por los efectos** de la cuestión descrita en la sección *"Fundamentos de la opinión con salvedades"* de nuestro informe, las cuentas anuales adjuntas expresan, en todos los aspectos significativos, la imagen fiel del patrimonio y de la situación financiera de la Sociedad a 31 de diciembre de 20X1, así como de sus resultados y flujos de efectivo correspondientes al ejercicio terminado en dicha fecha, de conformidad con el marco normativo de información financiera que resulta de aplicación (que se identifica en la nota X de la memoria) y, en particular, con los principios y criterios contables contenidos en el mismo.

Fundamento de la opinión con salvedades[2]

Tal como se comenta en la nota X de la memoria, no se ha registrado amortización alguna en las cuentas anuales, lo que constituye un incumplimiento del marco normativo de información financiera que resulta de aplicación. Este es el resultado de una decisión tomada por la dirección al comienzo del ejercicio anterior y que motivó nuestra opinión de auditoría con salvedades sobre las cuentas anuales relativas a dicho ejercicio. Sobre la base de un método de amortización lineal y una tasa anual del X% para este inmueble, las pérdidas del ejercicio deben incrementarse en 125.000 € en 20X1 y 125.000 € en 20X0, el inmovilizado material debe reducirse por la amortización acumulada de 250.000 en 20X1 y 125.000 € en 20X0, y las reservas deben reducirse en 125.000 en 20X1.

Hemos llevado a cabo nuestra auditoría [...véase Ejemplo 1 de la NIA-ES 700 (Revisada)]
Somos independientes de la sociedad [...véase Ejemplo 1 de la NIA-ES 700 (Revisada)]

Consideramos que la evidencia de auditoría que hemos obtenido proporciona una base suficiente y adecuada para nuestra opinión de auditoría con salvedades.

Cuestiones Clave de la auditoría

Las cuestiones clave de la auditoría son aquellas cuestiones que, según nuestro juicio profesional, han sido de la mayor significatividad en nuestra auditoría de las cuentas anuales del periodo actual. Estas cuestiones han sido tratadas en el contexto de nuestra

---

[2]El párrafo de Fundamento de la Opinión está basado en el tenor literal del ejemplo 1 recogido en el anexo de la NIA-ES 710 adaptada por el ICAC para su aplicación en España.

auditoría de las cuentas anuales en su conjunto, y en la formación de nuestra opinión sobre éstas, y no expresamos una opinión por separado sobre esas cuestiones.

Además de la cuestión descrita en la sección Fundamento de la opinión con salvedades, hemos determinado que las cuestiones que se describen a continuación son las cuestiones clave de la auditoría que se deben comunicar en nuestro informe.

[Descripción de cada cuestión clave de la auditoría de conformidad con la NIA-ES 701 incluyendo, al menos:
i) los riesgos considerados más significativos de que existan incorrecciones materiales, incluidas las debidas a fraude,
ii) un resumen de la respuesta del auditor a dichos riesgos, y
iii) y en su caso, las observaciones esenciales derivadas de dichos riesgos.
Y, cuando sea pertinente, se incluirá una referencia clara a las informaciones importantes recogidas en las cuentas anuales].

Otra información: Informe de gestión

[Informe de conformidad con la NIA-ES 720 (Revisada) – véase Ejemplo 6 del Anexo 2 de la NIA-ES 720 (Revisada)]. Los dos últimos párrafos de la sección Otra información del Ejemplo 6 se adaptarían para describir la cuestión concreta que origina la opinión con salvedades que también afecta al informe de gestión y el tipo de salvedad].

Responsabilidad de los administradores y de la comisión de auditoría en relación con las cuentas anuales

[Informe de conformidad con la NIA-ES 700 (Revisada) – véase Ejemplo 1 de la NIA-ES 700 (Revisada)][3]

Responsabilidad del auditor en relación con la auditoría de las cuentas anuales

[Informe de conformidad con la NIA-ES 700 (Revisada) – véase Ejemplo 1 de la NIA-ES 700 (Revisada)]

Informe sobre otros requerimientos legales y reglamentarios

[Informe de conformidad con el Ejemplo 1 de la NIA-ES 700 (Revisada) -considerar NTA FEUE sólo para sociedades cotizadas)]

[Nombre y número de ROAC del auditor]
[Firma del auditor]
26 de mayo de 20X2
[Dirección del auditor y en el caso de sociedad de auditoría dirección y número de ROAC de la sociedad]

---

[3] Al ser una EIP referenciamos al ejemplo 1 de la NIA-ES 700 (Revisada), si se tratase de una entidad NO EIP, referenciaríamos al ejemplo 3 de la NIA-ES 700 (Revisada).

Solución Caso 2 A1) AÑO X1

INFORME DE AUDITORÍA DE CUENTAS ANUALES EMITIDO POR UN AUDITOR INDEPENDIENTE

A los accionistas de ABC, S.A.,

Informe sobre las cuentas anuales

Opinión con salvedades

Hemos auditado las cuentas anuales adjuntas de la sociedad ABC, S.A. (la Sociedad), que comprenden el balance a 31 de diciembre de 20X1, la cuenta de pérdidas y ganancias, el estado de cambios en el patrimonio neto, el estado de flujos de efectivo y la memoria correspondiente al ejercicio terminado en dicha fecha.

En nuestra opinión, **excepto por los posibles efectos** de la cuestión descrita en la sección "Fundamentos de la opinión con salvedades" de nuestro informe, las cuentas anuales adjuntas expresan, en todos los aspectos significativos, la imagen fiel del patrimonio y de la situación financiera de la Sociedad. al 31 de diciembre de 20X1, así como de sus resultados y flujos de efectivo correspondientes al ejercicio terminado en dicha fecha, de conformidad con el marco normativo de información financiera que resulta de aplicación (que se identifica en la nota X de la memoria) y, en particular, con los principios y criterios contables contenidos en el mismo.

Fundamento de la opinión con salvedades[4]

Fuimos nombrados auditores de la sociedad el 30 de junio de 20X1, y, por tanto, no presenciamos el recuento físico de las existencias al inicio del ejercicio. No hemos podido satisfacernos por medios alternativos de las cantidades de existencias a 31 de diciembre de 20X0. Puesto que las existencias iniciales influyen en la determinación del resultado y de los flujos de efectivo, no hemos podido determinar si hubiese sido necesario realizar ajustes en el beneficio del ejercicio que se muestra en el estado de resultados y en los flujos de efectivo netos procedentes de las actividades de explotación del estado de flujos de efectivo.

Hemos llevado a cabo nuestra auditoría [...*véase Ejemplo 1 de la NIA-ES 700 (Revisada)*]
Somos independientes de la sociedad [[...*véase Ejemplo 1 de la NIA-ES 700 (Revisada)*]
Consideramos que la evidencia de auditoría que hemos obtenido proporciona una base suficiente y adecuada para nuestra opinión de auditoría con salvedades.

Cuestiones clave de la auditoría

Las cuestiones clave de la auditoría son aquellas cuestiones que, según nuestro juicio profesional, han sido de la mayor significatividad en nuestra auditoría de las cuentas anuales del periodo actual. Estas cuestiones han sido tratadas en el contexto de nuestra auditoría de las cuentas anuales en su conjunto, y en la formación de nuestra opinión sobre éstas, y no expresamos una opinión por separado sobre esas cuestiones.

---

[4]El párrafo de Fundamento de la Opinión está basado en el tenor literal del ejemplo 1 recogido en el anexo de la NIA-ES 510 (Revisada)

Además de la cuestión descrita en la sección Fundamento de la opinión con salvedades, hemos determinado que las cuestiones que se describen a continuación son las cuestiones clave de la auditoría que se deben comunicar en nuestro informe.

[Descripción de cada cuestión clave de la auditoría de conformidad con la NIA-ES 701 incluyendo, al menos:
i) los riesgos considerados más significativos de que existan incorrecciones materiales, incluidas las debidas a fraude,
ii) un resumen de la respuesta del auditor a dichos riesgos, y
iii) y en su caso, las observaciones esenciales derivadas de dichos riesgos.
Y, cuando sea pertinente, se incluirá una referencia clara a las informaciones importantes recogidas en las cuentas anuales].

Otras cuestiones

La Cuentas Anuales de la sociedad ABC, S.A. del ejercicio 20X0 no fueron auditadas por que la sociedad no tenía obligación legal de hacerlo.

Otra información: Informe de gestión

[Informe de conformidad con la NIA-ES 720 (Revisada)–véase Ejemplo 6 del Anexo 2 de la NIA-ES 720 (Revisada).] El último párrafo de la sección Otra información del Ejemplo 6 se adaptaría para describir la cuestión concreta que origina la opinión con salvedades que también afecta al informe de gestión.]

Responsabilidad de los administradores y de la comisión de auditoría en relación con las cuentas anuales

[Informe de conformidad con la NIA-ES 700 (Revisada) – véase Ejemplo 1 de la NIA-ES 700 (Revisada)]

Responsabilidad del auditor en relación con la auditoría de las cuentas anuales

[Informe de conformidad con la NIA-ES 700 (Revisada) – véase Ejemplo 1 de la NIA-ES 700 (Revisada)]

Informe sobre otros requerimientos legales y reglamentarios

[Informe de conformidad con el Ejemplo 1 de la NIA-ES 700 (Revisada) -considerar NTA FEUE sólo para sociedades cotizadas)]

[Nombre]
[Firma del auditor]
17 de mayo de 20X2
[Dirección del auditor y número de Registro Oficial de Auditores de Cuentas del auditor de cuentas o sociedad de auditoría]

INFORME DE AUDITORÍA DE CUENTAS ANUALES EMITIDO POR UN AUDITOR INDEPENDIENTE

A los accionistas de ABC, S.A.,

Informe sobre las cuentas anuales

Opinión con salvedades

Hemos auditado las cuentas anuales adjuntas de la sociedad ABC, S.A. (la Sociedad), que comprenden el balance a 31 de diciembre de 20X2, la cuenta de pérdidas y ganancias, el estado de cambios en el patrimonio neto, el estado de flujos de efectivo y la memoria correspondiente al ejercicio terminado en dicha fecha.

En nuestra opinión, **excepto por los posibles efectos sobre las cifras comparativas del ejercicio anterior** de la cuestión descrita en la sección "Fundamentos de la opinión con salvedades" de nuestro informe, las cuentas anuales adjuntas expresan, en todos los aspectos significativos, la imagen fiel del patrimonio y de la situación financiera de la Sociedad al 31 de diciembre de 20X2, así como de sus resultados y flujos de efectivo correspondientes al ejercicio terminado en dicha fecha, de conformidad con el marco normativo de información financiera que resulta de aplicación (que se identifica en la nota X de la memoria) y, en particular, con los principios y criterios contables contenidos en el mismo.

Fundamento de la opinión con salvedades[5]

Debido a que fuimos nombrados auditores de la sociedad ABC, S.A. durante 20X1, no pudimos presenciar el recuento físico de las existencias al inicio del ejercicio, ni hemos podido satisfacernos por medios alternativos de las cantidades de existencias. Puesto que las existencias iníciales influyen en la determinación del resultado de las operaciones, no hemos podido determinar si hubiese sido necesario realizar ajustes en el resultado de las operaciones y en las reservas iníciales por ganancias acumuladas correspondientes a 20X1. Nuestra opinión de auditoría sobre las cuentas anuales correspondientes al ejercicio terminado el 31 de diciembre de 20X1, consecuentemente, fue una opinión con salvedades. Nuestra opinión sobre las cuentas anuales del periodo actual también es una opinión con salvedades debido al posible efecto de este hecho sobre la comparabilidad entre los datos del periodo actual y los del anterior.

Hemos llevado a cabo nuestra auditoría [...*véase Ejemplo 1 de la NIA-ES 700 (Revisada)*]
Somos independientes de la sociedad [[...*véase Ejemplo 1 de la NIA-ES 700 (Revisada)*]

Consideramos que la evidencia de auditoría que hemos obtenido proporciona una base suficiente y adecuada para nuestra opinión de auditoría con salvedades.

Cuestiones clave de la auditoría

---

[5]El párrafo de Fundamento de la opinión con salvedades está basado en el tenor literal del ejemplo 2 contenido en el anexo a la NIA-ES 710.

Las cuestiones clave de la auditoría son aquellas cuestiones que, según nuestro juicio profesional, han sido de la mayor significatividad en nuestra auditoría de las cuentas anuales del periodo actual. Estas cuestiones han sido tratadas en el contexto de nuestra auditoría de las cuentas anuales en su conjunto, y en la formación de nuestra opinión sobre éstas, y no expresamos una opinión por separado sobre esas cuestiones.

Además de la cuestión descrita en la sección Fundamento de la opinión con salvedades, hemos determinado que las cuestiones que se describen a continuación son las cuestiones clave de la auditoría que se deben comunicar en nuestro informe.

[Descripción de cada cuestión clave de la auditoría de conformidad con la NIA-ES 701 incluyendo, al menos:
i) los riesgos considerados más significativos de que existan incorrecciones materiales, incluidas las debidas a fraude,
ii) un resumen de la respuesta del auditor a dichos riesgos, y
iii) y en su caso, las observaciones esenciales derivadas de dichos riesgos.
Y, cuando sea pertinente, se incluirá una referencia clara a las informaciones importantes recogidas en las cuentas anuales].

Otra información: Informe de gestión

[Informe de conformidad con la NIA-ES 720 (Revisada) – véase Ejemplo 6 del Anexo 2 de la NIA-ES 720 (Revisada). El último párrafo de la sección Otra información del Ejemplo 6 se adaptaría para describir la cuestión concreta que origina la opinión con salvedades que también afecta al informe de gestión].

Responsabilidad de los administradores y de la comisión de auditoría en relación con las cuentas anuales

[Informe de conformidad con la NIA-ES 700 (Revisada) – véase Ejemplo 1 de la NIA-ES 700 (Revisada)]

Responsabilidad del auditor en relación con la auditoría de las cuentas anuales

[Informe de conformidad con la NIA-ES 700 (Revisada) – véase Ejemplo 1 de la NIA-ES 700 (Revisada)]

Informe sobre otros requerimientos legales y reglamentarios

[Informe de conformidad con el Ejemplo 1 de la NIA-ES 700 (Revisada) -considerar NTA FEUE sólo para sociedades cotizadas)]

[Nombre y número de ROAC del auditor]
[Firma del auditor]
27 de abril de 20X3
[Dirección del auditor y en el caso de sociedad de auditoría dirección y número de ROAC de la sociedad]

INFORME DE AUDITORÍA DE CUENTAS ANUALES EMITIDO POR UN AUDITOR INDEPENDIENTE

A los accionistas de ABC, S.A.,

Informe sobre las cuentas anuales

Opinión

Hemos auditado las cuentas anuales adjuntas de la sociedad ABC, S.A., (la Sociedad), que comprenden el balance a 31 de diciembre de 20X1, la cuenta de pérdidas y ganancias, el estado de cambios en el patrimonio neto, el estado de flujos de efectivo y la memoria correspondiente al ejercicio terminado en dicha fecha.

En nuestra opinión, las cuentas anuales adjuntas expresan, en todos los aspectos significativos, la imagen fiel del patrimonio y de la situación financiera de la Sociedad a 31 de diciembre de 20X1, así como de sus resultados y flujos de efectivo correspondientes al ejercicio anual terminado en dicha fecha, de conformidad con el marco normativo de información financiera que resulta de aplicación (que se identifica en la nota X de la memoria) y, en particular, con los principios y criterios contables contenidos en el mismo.

Fundamento de la opinión

Hemos llevado a cabo nuestra auditoría [...*véase Ejemplo 1 de la NIA-ES 700 (Revisada)*]
Somos independientes de la sociedad [[...*véase Ejemplo 1 de la NIA-ES 700 (Revisada)*]

Consideramos que la evidencia de auditoría que hemos obtenido proporciona una base suficiente y adecuada para nuestra opinión.

Cuestiones clave de la auditoría

Las cuestiones clave de la auditoría son aquellas cuestiones que, según nuestro juicio profesional, han sido de la mayor significatividad en nuestra auditoría de las cuentas anuales del periodo actual. Estas cuestiones han sido tratadas en el contexto de nuestra auditoría de las cuentas anuales en su conjunto, y en la formación de nuestra opinión sobre éstas, y no expresamos una opinión por separado sobre esas cuestiones.

[*Descripción de cada cuestión clave de la auditoría de conformidad con la NIA-ES 701 incluyendo, al menos:*
i) los riesgos considerados más significativos de que existan incorrecciones materiales, incluidas las debidas a fraude,
ii) un resumen de la respuesta del auditor a dichos riesgos, y
iii) y en su caso, las observaciones esenciales derivadas de dichos riesgos.
Y, cuando sea pertinente, se incluirá una referencia clara a las informaciones importantes recogidas en las cuentas anuales].

Otra información: Informe de gestión

[Informe de conformidad con el ejemplo 1 del Anexo 2 de la NIA-ES 720 (revisada 2020)]

Responsabilidad de los administradores y de la comisión de auditoría en relación con las cuentas anuales

[Informe de conformidad con la NIA-ES 700 (Revisada) – véase Ejemplo 1 de la NIA-ES 700 (Revisada)]

Responsabilidad del auditor en relación con la auditoría de las cuentas anuales

[Informe de conformidad con la NIA-ES 700 (Revisada) – véase Ejemplo 1 de la NIA-ES 700 (Revisada)]

Informe sobre otros requerimientos legales y reglamentarios

[Informe de conformidad con el Ejemplo 1 de la NIA-ES 700 (Revisada) -considerar NTA FEUE sólo para sociedades cotizadas)]

[Nombre y número de ROAC del auditor]
[Firma del auditor]
27 de marzo de 20X2
[Dirección del auditor y en el caso de sociedad de auditoría dirección y número de ROAC de la sociedad]

Si en este caso 3 **considerásemos la re-expresión como una cuestión fundamental para que el lector comprenda los estados financieros,** entonces siguiendo el R8 de la **NIA-ES 706** incluiríamos un párrafo de énfasis que probablemente el auditor de acuerdo con su juicio profesional podría situar antes o después de la sección "Cuestiones Clave de Auditoría" (A16 NIA-ES 706). La redacción podría ser como sigue:

"Llamamos la atención sobre lo indicado en la nota X de la memoria adjunta donde se informa que la sociedad ha re-expresado las cifras comparativas del ejercicio 20X0 por (explicar los motivos). Este hecho no modifica nuestra opinión sobre las cuentas anuales del ejercicio 20X1."

Si por el contrario hubiese sido un **asunto de la máxima significatividad de los comunicados al órgano de gobierno de la entidad que a juicio del auditor debiese ser incluido en la sección cuestión clave de auditoría,** la redacción podría ser algo parecido a la que dio DIA (compañía cotizada en el mercado oficial de valores en España) cuando introdujo en su informe una cuestión calve de auditoría:

Título de la CCA: *Reexpresión de las cifras comparativas por incorrecciones debidas a irregularidades y errores (Véase Nota 1 de la memoria)*.

Descripción de la CCA:

Tal y como se indica en la nota 1de la memoria adjunta, durante el tercer trimestre del ejercicio 2018, a raíz de un proceso de revisión de las estimaciones del cierre financiero de dicho ejercicio, la Sociedad y el Grupo del que es cabecera, rebajó sus previsiones de resultados para el ejercicio 2018 e identificó incorrecciones en determinadas estimaciones realizadas vinculadas, fundamentalmente, al margen comercial.

Con el objetivo de esclarecer los hechos que dieron lugar a dichas incorrecciones, el Grupo inició una investigación que puso de manifiesto la existencia de prácticas contables irregulares, llevadas a cabo por determinados empleados y altos directivos de España y Brasil, eludiendo los controles internos establecidos por el Grupo.

En la nota 1 se detallan las medidas adoptadas por el Consejo de Administración de la Sociedad dominante, así como los efectos que los acontecimientos descritos han tenido sobre la situación financiera y patrimonial de la Sociedad que, entre otros, han motivado la reexpresión de las cifras comparativas para corregir los efectos en las mismas de las incorreciones identificadas de forma que éstas no se corresponden con las incluidas en las cuentas anuales aprobadas del ejercicio 2017 del Grupo. En la nota 1 de la memoria se detallan el origen y naturaleza de los ajustes realizados sobre las cifras comparativas.

Dada la relevancia de las implicaciones en el enfoque de auditoría del ejercicio 2018, se ha considerado una cuestión clave de nuestra auditoría.

Respuesta al riesgo valorado:

En el contexto de nuestra auditoría, hemos realizado, entre otros, los siguientes procedimientos:

– entendimiento del proceso de identificación por parte de la Dirección, de las incorrecciones que han motivado la reexpresión de las cifras comparativas así como las circunstancias en las que han tenido lugar, en particular, aquellas relacionadas con

prácticas contables irregulares con efecto de incrementar de forma artificial el margen comercial.

– evaluación del adecuado registro de los ajustes por reexpresión realizados por la Sociedad en las cifras comparativas.

– análisis del trabajo de investigación forense llevado a cabo en España por los asesores externos contratados por la Sociedad con el objetivo de evaluar las posibles implicaciones en nuestro enfoque del trabajo de auditoría y en el análisis de nuestras evidencias de auditoría.

– especial atención en las áreas afectadas, incluyendo incrementar las pruebas de detalle en las cuestiones identificadas como de mayor riesgo de incorrección material, obtener evidencias de auditoría adicionales mediante confirmaciones de terceros, mayor involucración reforzada en la auditoría de profesionales con más experiencia, identificación de aquellas áreas en las que se requieren conocimientos especializados a efectos de involucrar a los especialistas que se han considerado necesarios para responder de manera adecuada al riesgo de incorrección, así como el uso de herramientas de auditoría asistidas por ordenador en la ejecución de determinadas pruebas de auditoría.

– evaluación de si la información revelada en las cuentas anuales en relación con la reexpresion de las cifras comparativas cumple con los requerimientos del marco normativo de información financiera aplicable a la Sociedad.

INFORME DE AUDITORÍA DE CUENTAS ANUALES EMITIDO POR UN AUDITOR INDEPENDIENTE

A los accionistas de ABC, S.A.,

Informe sobre las cuentas anuales

Opinión con salvedades

Hemos auditado las cuentas anuales adjuntas de la sociedad ABC, S.A. (la Sociedad), que comprenden el balance a 31 de diciembre de 20X1, la cuenta de pérdidas y ganancias, el estado de cambios en el patrimonio neto, el estado de flujos de efectivo y la memoria correspondiente al ejercicio terminado en dicha fecha.

En nuestra opinión, excepto por los efectos sobre las cifras comparativas de la cuestión descrita en la sección "Fundamentos de la opinión con salvedades" de nuestro informe, las cuentas anuales adjuntas expresan, en todos los aspectos significativos, la imagen fiel del patrimonio y de la situación financiera de la Sociedad. al 31 de diciembre de 20X1, así como de sus resultados y flujos de efectivo correspondientes al ejercicio terminado en dicha fecha, de conformidad con el marco normativo de información financiera que resulta de aplicación (que se identifica en la nota X de la memoria) y, en particular, con los principios y criterios contables contenidos en el mismo.

Fundamento de la opinión con salvedades

Al 31 de diciembre de 20X0 no se había registrado la amortización del año correspondiente a una construcción adquirida en el mes de junio por un importe de 2.420.000 euros. Al 31 de diciembre de 20X1 se ha corregido el error de acuerdo con el marco normativo de información financiera que resulta de aplicación, pero no han sido *reexpresadas* las cifras comparativas correspondientes al año 20X0. El activo no corriente y el resultado de las cifras comparativas al 31 de diciembre de 20X0 deberían haberse reducido en 121.000 euros, sin considerar el efecto impositivo.

Hemos llevado a cabo nuestra auditoría [...*véase Ejemplo 1 de la NIA-ES 700 (Revisada)*]
Somos independientes de la sociedad [[...*véase Ejemplo 1 de la NIA-ES 700 (Revisada)*]

Consideramos que la evidencia de auditoría que hemos obtenido proporciona una base suficiente y adecuada para nuestra opinión de auditoría con salvedades.

Cuestiones clave de la auditoría

Las cuestiones clave de la auditoría son aquellas cuestiones que, según nuestro juicio profesional, han sido de la mayor significatividad en nuestra auditoría de las cuentas anuales del periodo actual. Estas cuestiones han sido tratadas en el contexto de nuestra auditoría de las cuentas anuales en su conjunto, y en la formación de nuestra opinión sobre éstas, y no expresamos una opinión por separado sobre esas cuestiones.

Además de la cuestión descrita en la sección Fundamento de la opinión con salvedades, hemos determinado que las cuestiones que se describen a continuación son las cuestiones clave de la auditoría que se deben comunicar en nuestro informe.

[Descripción de cada cuestión clave de la auditoría de conformidad con la NIA-ES 701 incluyendo, al menos:
i) los riesgos considerados más significativos de que existan incorrecciones materiales, incluidas las debidas a fraude,
ii) un resumen de la respuesta del auditor a dichos riesgos, y
iii) y en su caso, las observaciones esenciales derivadas de dichos riesgos.
Y, cuando sea pertinente, se incluirá una referencia clara a las informaciones importantes recogidas en las cuentas anuales].

Otra información: Informe de gestión

[Informe de conformidad con Ejemplo 6 del Anexo 2 de la NIA-ES 720 (Revisada).]

Responsabilidad de los administradores y de la comisión de auditoría en relación con las cuentas anuales

[Informe de conformidad con la NIA-ES 700 (Revisada) – véase Ejemplo 1 de la NIA-ES 700 (Revisada)]

Responsabilidad del auditor en relación con la auditoría de las cuentas anuales

[Informe de conformidad con la NIA-ES 700 (Revisada) – véase Ejemplo 1 de la NIA-ES 700 (Revisada)]

Informe sobre otros requerimientos legales y reglamentarios

[Informe de conformidad con el Ejemplo 1 de la NIA-ES 700 (Revisada) -considerar NTA FEUE sólo para sociedades cotizadas)]

[Nombre y número de ROAC del auditor]
[Firma del auditor]
30 de abril de 20X2
[Dirección del auditor y en el caso de sociedad de auditoría dirección y número de ROAC de la sociedad]

Solución Caso 5 (A6) Año X1

INFORME DE AUDITORÍA DE CUENTAS ANUALES EMITIDO POR UN AUDITOR INDEPENDIENTE

A los accionistas de ABC, S.A.,

Informe sobre las cuentas anuales

Opinión

Hemos auditado las cuentas anuales adjuntas de la sociedad ABC, S.A. (la Sociedad), que comprenden el balance a 31 de diciembre de 20X1, la cuenta de pérdidas y ganancias, el estado de cambios en el patrimonio neto, el estado de flujos de efectivo y la memoria correspondiente al ejercicio terminado en dicha fecha.

En nuestra opinión, las cuentas anuales adjuntas expresan, en todos los aspectos significativos, la imagen fiel del patrimonio y de la situación financiera de la Sociedad al 31 de diciembre de 20X1, así como de sus resultados y flujos de efectivo correspondientes al ejercicio terminado en dicha fecha, de conformidad con el marco normativo de información financiera que resulta de aplicación (que se identifica en la nota X de la memoria) y, en particular, con los principios y criterios contables contenidos en el mismo.

Fundamento de la opinión

Hemos llevado a cabo nuestra auditoría [...*véase Ejemplo 1 de la NIA-ES 700 (Revisada)*]
Somos independientes de la sociedad [[...*véase Ejemplo 1 de la NIA-ES 700 (Revisada)*]

Consideramos que la evidencia de auditoría que hemos obtenido proporciona una base suficiente y adecuada para nuestra opinión de auditoría.

Párrafo de énfasis – cambio de criterio[6]

Llamamos la atención respecto de lo indicado en la nota X de la memoria de las cuentas anuales adjuntas, en la que se menciona que en virtud del marco normativo de información financiera que resulta de aplicación, la sociedad ha procedido a *reexpresar* las cifras del periodo anterior, debido a un cambio de criterio contable. Esta cuestión no modifica nuestra opinión.[7]

Cuestiones clave de la auditoría

Las cuestiones clave de la auditoría son aquellas cuestiones que, según nuestro juicio profesional, han sido de la mayor significatividad en nuestra auditoría de las cuentas

---

[6] *El auditor también puede añadir contexto al título "Párrafo de énfasis", como por ejemplo, "Párrafo de énfasis – Hecho posterior al cierre", para diferenciar el párrafo de énfasis de las cuestiones individuales que se describen en la sección "Cuestiones clave de la auditoría". (A16 NIA-ES 706 revisada)*
[7]Este párrafo de énfasis según el apartado A6 de la NIA-ES 710 de la Guía de Aplicación tendría carácter **voluntario**. Véase apartado A16 de la NIA-ES 706 revisada, sobre situación del párrafo de énfasis y ejemplo del Anexo 3 de dicha NIA-ES.

anuales del periodo actual. Estas cuestiones han sido tratadas en el contexto de nuestra auditoría de las cuentas anuales en su conjunto, y en la formación de nuestra opinión sobre éstas, y no expresamos una opinión por separado sobre esas cuestiones.

[*Descripción de cada cuestión clave de la auditoría de conformidad con la NIA-ES 701 incluyendo, al menos:*
i) los riesgos considerados más significativos de que existan incorrecciones materiales, incluidas las debidas a fraude,
ii) un resumen de la respuesta del auditor a dichos riesgos, y
iii) y en su caso, las observaciones esenciales derivadas de dichos riesgos.
Y, cuando sea pertinente, se incluirá una referencia clara a las informaciones importantes recogidas en las cuentas anuales].

Otra información: Informe de gestión

[Informe de conformidad con Ejemplo 1 del Anexo 2 de la NIA-ES 720 (Revisada).]

Responsabilidad de los administradores y de la comisión de auditoría en relación con las cuentas anuales

[*Informe de conformidad con la NIA-ES 700 (Revisada) – véase Ejemplo 1 de la NIA-ES 700 (Revisada)*]

Responsabilidad del auditor en relación con la auditoría de las cuentas anuales

[*Informe de conformidad con la NIA-ES 700 (Revisada) – véase Ejemplo 1 de la NIA-ES 700 (Revisada)*]

Informe sobre otros requerimientos legales y reglamentarios

[*Informe de conformidad con el Ejemplo 1 de la NIA-ES 700 (Revisada) -considerar NTA FEUE sólo para sociedades cotizadas)*]

[Nombre y número de ROAC del auditor]
[Firma del auditor]
30 de abril de 20X2
[Dirección del auditor y en el caso de sociedad de auditoría dirección y número de ROAC de la sociedad]

INFORME DE AUDITORÍA DE CUENTAS ANUALES EMITIDO POR UN AUDITOR INDEPENDIENTE

A los accionistas de ABC, S.A.,

Informe sobre las cuentas anuales

Opinión con salvedades

Hemos auditado las cuentas anuales adjuntas de la sociedad ABC, S.A. (la Sociedad), que comprenden el balance a 31 de diciembre de 20X1, la cuenta de pérdidas y ganancias, el estado de cambios en el patrimonio neto, el estado de flujos de efectivo y la memoria correspondiente al ejercicio terminado en dicha fecha.

En nuestra opinión, excepto por los efectos de la cuestión descrita en la sección "Fundamentos de la opinión con salvedades" de nuestro informe, las cuentas anuales adjuntas expresan, en todos los aspectos significativos, la imagen fiel del patrimonio y de la situación financiera de la Sociedad al 31 de diciembre de 20X1, así como de sus resultados y flujos de efectivo correspondientes al ejercicio terminado en dicha fecha, de conformidad con el marco normativo de información financiera que resulta de aplicación (que se identifica en la nota X de la memoria) y, en particular, con los principios y criterios contables contenidos en el mismo.

Fundamento de la opinión con salvedades[8]

La Sociedad durante el ejercicio 20X1 ha detectado y corregido un error de 300.000 euros de exceso en la valoración del inmovilizado material, que trajo su origen en un defecto de amortización del ejercicio 20X0, al haber aplicado una vida útil de 20 años en lugar de 10 años como correspondería a la vida útil que se conocía en el momento de formular las cuentas anuales. Este error ha sido corregido con cargo a la cuenta de pérdidas y ganancias del ejercicio y no retroactivamente, conforme establece el marco normativo de información financiera que resulta de aplicación, la memoria de las cuentas anuales adjuntas no contiene la información que consideramos suficiente sobre este asunto[9]. Por tanto, a 31 de diciembre de 20X0 el inmovilizado material debería haberse reducido en 300.000 euros, el gasto de amortización debería haberse incrementado en 300.000 euros, el impuesto de sociedades reducido en 90.000 euros, el resultado del ejercicio[10] deberían haberse reducido en 210.000 euros, del ejercicio 20X0. La dotación a la amortización del inmovilizado material correspondiente al ejercicio terminado al 31 de diciembre de 20X1 debería reducirse en 300.000 euros, las reservas a 31 de diciembre de 20X1 deberían reducirse en este mismo importe. Y el impuesto corriente debería reducirse en 90.000 euros y aumentar el impuesto diferido en esa misma cantidad a 31 de diciembre de 20X1.[11]

---

[8]El párrafo de Fundamento de la Opinión está basado en el tenor literal del ejemplo 1 recogido en el anexo de la NIA-ES 710.

[9] Hay firmas de auditoría que manifestando que existe una omisión no la explicitan en la descripción de la salvedad, entendemos que estos autores consideran que resulta implícita a la propia descripción de la salvedad.

[10] Si bien hay autores que indican también el efecto en el patrimonio neto, hemos optado por no hacerlo al considerarlo un efecto implícito, ya que el resultado del ejercicio forma parte del patrimonio neto. Esta opción parece la de referencia en la práctica profesional en España.

[11] Si bien hacemos mención al resultado del año 20X0, en 20X1, mencionamos la reclasificación a reservas y la reclasificación de impuesto corriente a diferido. Habría que estar a lo que indique el examen sobre el efecto fiscal.

Hemos llevado a cabo nuestra auditoría [...*véase Ejemplo 1 de la NIA-ES 700 (Revisada)*]

Somos independientes de la sociedad [[...*véase Ejemplo 1 de la NIA-ES 700 (Revisada)*]

Consideramos que la evidencia de auditoría que hemos obtenido proporciona una base suficiente y adecuada para nuestra opinión de auditoría con salvedades.

Cuestiones clave de la auditoría

Las cuestiones clave de la auditoría son aquellas cuestiones que, según nuestro juicio profesional, han sido de la mayor significatividad en nuestra auditoría de las cuentas anuales del periodo actual. Estas cuestiones han sido tratadas en el contexto de nuestra auditoría de las cuentas anuales en su conjunto, y en la formación de nuestra opinión sobre éstas, y no expresamos una opinión por separado sobre esas cuestiones.

Además de la cuestión descrita en la sección Fundamento de la opinión con salvedades, hemos determinado que las cuestiones que se describen a continuación son las cuestiones clave de la auditoría que se deben comunicar en nuestro informe.

[*Descripción de cada cuestión clave de la auditoría de conformidad con la NIA-ES 701 incluyendo, al menos:*
i) los riesgos considerados más significativos de que existan incorrecciones materiales, incluidas las debidas a fraude,
ii) un resumen de la respuesta del auditor a dichos riesgos, y
iii) y en su caso, las observaciones esenciales derivadas de dichos riesgos.
Y, cuando sea pertinente, se incluirá una referencia clara a las informaciones importantes recogidas en las cuentas anuales].

Otras cuestiones

Las cuentas anuales de la sociedad ABC, S.A. correspondientes al ejercicio terminado a 31 de diciembre de 20X0 fueron auditadas por otro auditor, que expresó una opinión favorable sobre dichas cuentas anuales el 25 de abril de 20X1.

Otra información: Informe de gestión

[Informe de conformidad con Ejemplo 6 del Anexo 2 de la NIA-ES 720 (Revisada)]

Responsabilidad de los administradores y de la comisión de auditoría en relación con las cuentas anuales

[*Informe de conformidad con la NIA-ES 700 (Revisada) – véase Ejemplo 1 de la NIA-ES 700 (Revisada)*]

Responsabilidad del auditor en relación con la auditoría de las cuentas anuales

[*Informe de conformidad con la NIA-ES 700 (Revisada) – véase Ejemplo 1 de la NIA-ES 700 (Revisada)*]

Informe sobre otros requerimientos legales y reglamentarios

[Informe de conformidad con el Ejemplo 1 de la NIA-ES 700 (Revisada) -considerar NTA FEUE sólo para sociedades cotizadas)]

[Nombre y número de ROAC del auditor]
[Firma del auditor]
30 de abril de 20X2
[Dirección del auditor y en el caso de sociedad de auditoría dirección y número de ROAC de la sociedad]

INFORME DE AUDITORÍA DE CUENTAS ANUALES EMITIDO POR UN AUDITOR INDEPENDIENTE

A los accionistas de ABC, S.A.,

Informe sobre las cuentas anuales

Opinión

Hemos auditado las cuentas anuales de ABC, S.A., (la Sociedad), que comprenden el balance a 31 de diciembre de 20X1, la cuenta de pérdidas y ganancias, el estado de cambios en el patrimonio neto, el estado de flujos de efectivo y la memoria correspondiente al ejercicio terminado en dicha fecha.

En nuestra opinión, las cuentas anuales adjuntas expresan, en todos los aspectos significativos, la imagen fiel del patrimonio y de la situación financiera de la Sociedad a 31 de diciembre de 20X1, así como de sus resultados y flujos de efectivo correspondientes al ejercicio anual terminado en dicha fecha, de conformidad con el marco normativo de información financiera que resulta de aplicación (que se identifica en la nota X de la memoria) y, en particular, con los principios y criterios contables contenidos en el mismo.

Fundamento de la opinión

Hemos llevado a cabo nuestra auditoría [...*véase Ejemplo 1 de la NIA-ES 700 (Revisada)*]
Somos independientes de la sociedad [[...*véase Ejemplo 1 de la NIA-ES 700 (Revisada)*]

Consideramos que la evidencia de auditoría que hemos obtenido proporciona una base suficiente y adecuada para nuestra opinión.

Cuestiones clave de la auditoría

Las cuestiones clave de la auditoría son aquellas cuestiones que, según nuestro juicio profesional, han sido de la mayor significatividad en nuestra auditoría de las cuentas anuales del periodo actual. Estas cuestiones han sido tratadas en el contexto de nuestra auditoría de las cuentas anuales en su conjunto, y en la formación de nuestra opinión sobre éstas, y no expresamos una opinión por separado sobre esas cuestiones.

Validación de las existencias iniciales

Fuimos nombrados auditores de la sociedad el 30 de junio de 20X1, por lo que no presenciamos el recuento físico de las existencias al inicio del ejercicio. Este asunto se ha considerado de la mayor significatividad porque las existencias suponen un 20% del activo estando compuesta de pocos elementos de gran valor como se detalla en la nota X de las cuentas anuales adjuntas. Al no poder obtener evidencia de auditoría por el procedimiento habitual, que habría sido el inventario, hemos realizado procedimientos alternativos que describimos a continuación.

Modo en que se ha tratado este asunto en la auditoría

En nuestro trabajo en el área de existencias hemos obtenido un conocimiento de los controles sobre el área que realiza la Sociedad y realizado pruebas específicas sobre el control interno, como han sido (*descripción de las pruebas realizadas*) alcanzando resultados satisfactorios. Para satisfacernos de las cantidades de existencias a 31 de diciembre de 20X0 hemos realizado procedimientos alternativos consistentes en la revisión de papeles del auditor predecesor, la observación del recuento físico de existencias al 1 de septiembre de 20X1 y mediante el inventario permanente que mantiene la sociedad hemos realizado la conciliación con las cantidades de existencias de apertura. Concluyendo satisfactoriamente sobre los procedimientos realizados.

Otras cuestiones

Las cifras comparativas del año 20X0 no han sido auditadas, por no estar obligado a ello la sociedad por la legislación mercantil.[12]

Otra información: Informe de gestión

[Informe de conformidad con Ejemplo 1 del Anexo 2 de la NIA-ES 720 (Revisada)]

Responsabilidad de los administradores y de la comisión de auditoría en relación con las cuentas anuales

[*Informe de conformidad con la NIA-ES 700 (Revisada) – véase Ejemplo 1 de la NIA-ES 700 (Revisada)*]

Responsabilidad del auditor en relación con la auditoría de las cuentas anuales

[*Informe de conformidad con la NIA-ES 700 (Revisada) – véase Ejemplo 1 de la NIA-ES 700 (Revisada)*]

Informe sobre otros requerimientos legales y reglamentarios

[*Informe de conformidad con el Ejemplo 1 de la NIA-ES 700 (Revisada) -considerar NTA FEUE sólo para sociedades cotizadas)*]

[Nombre y número de ROAC del auditor]
[Firma del auditor]
30 de abril de 20X2
[Dirección del auditor y en el caso de sociedad de auditoría dirección y número de ROAC de la sociedad]

---

[12] Sección otras cuestiones obligatorias con párrafo obligatorio.